Coleção Dramaturgia

MATÉI VISNIEC

Biblioteca teatral

Impresso no Brasil, julho de 2012

Título original: *Richard III n'Aura pas Lieu*
Copyright © Lansman Editeur

Os direitos desta edição pertencem a
É Realizações Editora, Livraria e Distribuidora Ltda.
Caixa Postal: 45321 · 04010 970 · São Paulo SP
Telefax: (5511) 5572 5363
e@erealizacoes.com.br · www.erealizacoes.com.br

Editor
Edson Manoel de Oliveira Filho

Gerente editorial
Gabriela Trevisan

Preparação de texto
Marcio Honorio de Godoy

Revisão
Danielle Mendes Sales e Liliana Cruz

Capa e projeto gráfico
Mauricio Nisi Gonçalves / Estúdio É

Pré-impressão e impressão
Gráfica Vida & Consciência

Reservados todos os direitos desta obra. Proibida toda e qualquer reprodução desta edição por qualquer meio ou forma, seja ela eletrônica ou mecânica, fotocópia, gravação ou qualquer outro meio de reprodução, sem permissão expressa do editor.

Ricardo III ESTÁ *CANCELADA*

ou Cenas da vida de Meierhold

Adaptação livre inspirada no último
pesadelo do encenador Vsévolod Meierhold
antes de ser assassinado na prisão em 1940
por ordem do Generalíssimo

MATÉI Visniec

TRADUÇÃO: ROBERTO MALLET

Ao amigo Christian Auger,
que foi na França o primeiro
a levar minhas palavras à cena

AS PERSONAGENS

VSÉVOLOD (VOLODEA) MEIERHOLD

A JOVEM

TÂNIA

O GENERALÍSSIMO

RICARDO III

OS MEMBROS DA COMISSÃO (*o presidente, a datilógrafa, etc.*)

OS HOMENS COM CASACO DE COURO

A MÃE

O PAI

O MENINO

VÁRIOS ATORES DA TRUPE (*Ivan, Anton, Piotr, etc.*)

RICHMOND

GUARDA-CHEFE

Papéis intercambiáveis.
Número mínimo de atores: cinco homens, três mulheres.

Uma primeira versão desta peça foi criada pela Companhia Pli Urgent (Lyon) e apresentada no Festival de Avignon (Off-2001) no Teatro da Lua, numa encenação de Christian Auger.

Montagem de 2005: coprodução franco-romena da Companhia Théâtre de la Presqu'île (Granville, França) e do Teatro G.A. Petculescu (Resita, Romênia), numa encenação de Michel Vivier.

No centro da cena vazia, sentado em uma cadeira, Meierhold cochila. Uma jovem sai da caixa do ponto. Tem uma perna engessada. Sacode docemente Meierhold.

A JOVEM: Camarada Meierhold... Camarada Meierhold...

MEIERHOLD: O que houve?

A JOVEM: Nada. Somente queria dizer... que estava dormindo...

MEIERHOLD: Ah... É mesmo?... Quem é você?

A JOVEM: Está cansado, camarada Meierhold. Já faz três horas que está esperando aí, cochilando nessa cadeira. Quase caiu duas vezes. E as duas vezes eu impedi. Mas agora tenho que voltar pra casa. Não tem mais ninguém no teatro. Por isso é que tive coragem de acordá-lo. Sei que está cansado, mas não é bom esperar desse jeito... Corre o perigo de cair e se machucar bastante. Quer beber um copo d'água?

MEIERHOLD: Quero... Obrigado...

A JOVEM: Não está me reconhecendo, não é? Tudo bem. Sou Zenaida, a ponto. Faz dois meses que estou soprando o texto nesta peça.

MEIERHOLD: Desculpe, Zenaida. Tive um pesadelo. Minha cabeça está rodando... Que foi que ela disse, a Comissão?

A JOVEM: Não disse nada. Foram todos embora...

MEIERHOLD: Como assim, foram embora? Mas... Eles iam deliberar aqui mesmo, no teatro.

A JOVEM: Não sei de nada, eu...

MEIERHOLD: Estavam aqui, na plateia, há pouco...

A JOVEM: Foram comer ao meio-dia e depois ninguém voltou... E agora está anoitecendo... Talvez eu devesse tê-lo acordado mais cedo mas não tive coragem.

MEIRHOLD (*dirige-se à boca de cena, como se quisesse orientar-se no espaço*): Pareciam estar contentes...

A JOVEM: Sabe, eu também sou atriz. Mas como quebrei a perna há seis meses, me deram este trabalho... E acabei sendo ponto.

MEIERHOLD: Disseram que eu não saísse daqui... Disseram que não ia levar nem uma hora...

A JOVEM (*traz o casaco e o chapéu de Meierhold*): De qualquer forma, adoro soprar. Quando são vistas da caixa do ponto, todas as peças são apaixonantes... E você, você trabalha como um anjo, camarada Meierhold... É sempre tão doce, tão preciso... Estou muito feliz por ter podido falar com o senhor durante alguns minutos... Tenho sofrido tanto por causa desta perna... Me engessaram duas vezes... Da primeira vez prenderam mal e tiveram que quebrar o osso de novo para consertar... Horrível... Ainda mais para uma atriz... (*Volta para a caixa do ponto.*) Mas ao menos pude ver o seu trabalho... Vamos, vá pra casa, a sua esposa, a camarada Tânia, deve estar muito preocupada... Se bem que ela deve estar acostumada com os seus atrasos constantes... E não esqueça do seu cigarro... e dos fósforos... Talvez ainda precise deles esta noite...

MEIERHOLD (*uma mão levantada, o chapéu na outra mão*): Mas todos eles aplaudiram muito agora há pouco...

No escuro, aplausos ao final de um espetáculo triunfante.
Ovações. Etc. Silêncio.

Quarto de dormir de Meierhold e Tânia. A sala é periodicamente varrida por fachos de luz vindos de fora, talvez a luz de um farol ou o giroflex de um carro de polícia.

Tânia dá um grito e acorda. Senta-se e fica imóvel. Está grávida. Põe as mãos sobre a grande barriga e olha para o vazio. Desce da cama, atravessa a peça, entra no banheiro.

Meierhold acorda bruscamente. Senta-se e fica imóvel. Ouve-se um leve ruído na janela. Meierhold vai abrir a janela. Ouve-se o arranque de um motor.

Enquanto dois homens com casaco de couro entram no quarto, aparece à janela o Generalíssimo. Fuma um cachimbo. Os dois homens inspecionam superficialmente as coisas de Meierhold enquanto este discute com o Generalíssimo.

MEIERHOLD: Camarada Generalíssimo, é o senhor?

O GENERALÍSSIMO: Sim, sou eu...

MEIERHOLD: Mas... (*Grita em direção à porta fechada do banheiro.*) Tânia, venha ver quem está aqui... Tânia, temos visita...

O GENERALÍSSIMO: Psiiiu! Não grite tão alto, camarada Meierhold... Vai acordar toda a vizinhança e é noite ainda... Não tenho tempo de entrar... Estou com pressa... Mas como estava passando por perto disse para mim mesmo: ora, vou conversar um pouco com o camarada Vsévolod... que é o maior encenador do país... O seu *Ricardo III* é uma maravilha, Volodea! Posso chamá-lo de Volodea?

MEIERHOLD: O senhor assistiu? Já? Estava na plateia? Justamente a Comissão acaba de examinar o espetáculo. Os membros da Comissão ainda estão deliberando, parece...

O GENERALÍSSIMO: Que força! Que carraspana nos imbecis! Que coragem! É por isso que o partido gosta tanto de homens como você, como Bulgakov, como Górki... Porque são os juízes da história... Porque são a força incorruptível da nação... A peça de Gogol que você montou, há dez anos... eu vi cinco vezes...

MEIERHOLD: Espero, espero que a Comissão não demore para me dar o sinal verde... Já faz dois dias que eles discutem... Pensei que me fariam perguntas... Duas vezes, eles viram o espetáculo...

O GENERALÍSSIMO: Não se preocupe, camarada Vsévolod... As comissões foram feitas para isso, para deliberar... Como faz para nos tirar assim o fôlego, camarada Vsévolod?... É a isso, a isso que chamamos de Grande Arte. Vamos, preciso ir embora... É preciso que todo mundo veja essa peça... Essa peça que é mais do que uma peça, que é um julgamento, o julgamento da história...

MEIERHOLD: Camarada Generalíssimo, é uma honra poder encontrá-lo... Obrigado pela visita, camarada Generalíssimo...

O GENERALÍSSIMO: É necessário, é necessário denunciar a história, caro Volodea.... Permite que o chame de Volodea? (*Sacode o cachimbo.*) Que droga, esse cachimbo... À menor corrente de ar, ele apaga... Tem fogo, Volodea?

MEIERHOLD: Tenho... Tenho... (*Acende o cachimbo do Generalíssimo.*) Sabe, a arte para mim é sempre a voz interior...

O GENERALÍSSIMO: Faz muito bem em ouvir sua voz interior, camarada Mestre Artista... Somente a voz interior diz a verdade... Até logo...

(*Os dois homens com casaco de couro saem. Ouve-se o som da descarga no banheiro.*)

MEIERHOLD: Já faz uma semana que a Comissão assistiu ao meu espetáculo... Há uma semana que só representamos para a Comissão... Depois da primeira Comissão veio uma segunda Comissão... E depois uma terceira, maior... E depois uma quarta, selecionada... E sempre as perguntas...

(*O Generalíssimo desaparece. Ouve-se a batida de uma porta e o automóvel afastando-se.*)

Vestido com um figurino de época, uma grande corcunda nas costas, Ricardo III sai do banheiro. Ele manca, tem as mãos cheias de sangue. Aproxima-se de Meierhold.

RICARDO III: Ele se foi?

MEIERHOLD: Sim...

RICARDO III: E então?

MEIERHOLD: Então, não sei.

RICARDO III: Eu avisei. Não era um bom momento pra montar *Ricardo III*.

MEIERHOLD: Espere. Até ele, até ele disse... "Escute a voz interior."

RICARDO III: E eu digo que não era um bom momento para montar *Ricardo III*. Ficou perigoso, Volodea. Em nosso país, qualquer pessoa que saiba comover a multidão ou fazê-la rir torna-se perigosa. Eu disse para montar *Otelo*... É triste, é bela... fala de amor...

MEIERHOLD: Mas por que tem medo, Ricardo? Por que a sua mente não é livre?

RICARDO III: Eu disse para montar *Romeu e Julieta*... É triste, é bela... fala de amor.

MEIERHOLD: Mas não é uma peça proibida, *Ricardo III*! Em nosso país, Shakespeare, estudamos na escola, na Universidade... Todas as peças de Shakespeare estão traduzidas em nossa língua materna... Estão em todas as bibliotecas públicas... Em todas as livrarias... Mas por que tem medo, Ricardo? Vivemos em um país livre! Vivemos no país dos trabalhadores que constroem seu próprio destino... Por que ter medo de...

(*Ricardo III faz desesperados esforços para subir no parapeito da janela.*)

RICARDO III: Ajude-me aqui, merda!

(*Meierhold ajuda Ricardo III, que sobe no parapeito da janela e, em seguida, joga-se no vazio.*)

MEIERHOLD (*grita para Ricardo III*): Pra onde vai? Viu muito bem que acendi o seu cachimbo... Isso não é nada...

Pela segunda vez, ouve-se o som da descarga no banheiro. Abre-se a porta. Uma forte luz cega Meierhold.

Várias "vítimas" da crueldade de Ricardo III saem do banheiro. Dir-se-ia espectros, mortos-vivos, pingando sangue. Pode-se reconhecer entre eles a Rainha Ana, o Duque de Clarence, etc. Tânia, cuja camisola está manchada de sangue, principalmente em torno do ventre, avança no meio desse grupo grotesco, acusador em seu silêncio. As personagens aproximam-se da boca de cena e permanecem imóveis, olhando diretamente nos olhos dos espectadores.

MEIERHOLD: Tânia... Você também viu muito bem... Ele passou por aqui e eu acendi o seu cachimbo... Não é nada, isso... Tânia...

TÂNIA: Não sou mais sua mulher, você é quase um assassino...

MEIERHOLD: Tânia, meu Deus, mas o que está nos acontecendo?

TÂNIA (*histérica, gritando*): Não me reconhece?

MEIERHOLD: Não, não pode fazer isso comigo...

TÂNIA / A VOZ DA AUTOCENSURA: Eu sou a voz da autocensura.

MEIERHOLD: Não, não pode fazer isso comigo...

TÂNIA / A VOZ DA AUTOCENSURA: Fez de Ricardo III um personagem positivo...

MEIERHOLD: Não, não pode entrar na minha cabeça!

TÂNIA / A VOZ DA AUTOCENSURA: Camarada Vsévolod Meierhold, o interior da sua cabeça é um território que pertence à classe trabalhadora.

MEIERHOLD: Minha cabeça é meu território!

TÂNIA / A VOZ DA AUTOCENSURA: Não é. (*Um pouco masoquista, com mais sangue ainda na camisola.*) Pensa que o partido não percebeu sua trapaça, sua obra artística cheia de alusões? Pensa que o olhar do partido não é muito perspicaz?

(*Estende-lhe a mão. Meierhold tira seu robe e o estende a Tânia.*)

MEIERHOLD (*assustado*)**:** Camaradas, suas interpretações estão erradas. Mas ainda assim faço minha autocrítica. É, na minha cabeça o espetáculo nasceu na confusão. É, o espetáculo escapou das minhas mãos antes mesmo de ter nascido. É que o teatro é assim mesmo. Um espetáculo é como um peixe que escapa das nossas mãos... (*Bruscamente revoltado.*) Não, recuso essa mascarada! Não pode ser verdade! Em minha cabeça, sou livre. Pelo menos não se pode entrar dessa maneira na minha cabeça.

TÂNIA / A VOZ DA AUTOCENSURA: Como não? A classe trabalhadora pode.

MEIERHOLD: Minha cabeça... ainda é um espaço privado...

TÂNIA / A VOZ DA AUTOCENSURA: Não. Em nosso país a propriedade privada foi abolida.

MEIERHOLD: Você não pode estar ao mesmo tempo no interior e no exterior da minha cabeça...

TÂNIA / A VOZ DA AUTOCENSURA: Posso sim. (*Mexe nos bolsos do robe. Encontra a caixa de fósforos.*) Por que o seu Ricardo III é um personagem simpático e engraçado?

MEIERHOLD: Camaradas, faço minha autocrítica. No espetáculo que acaba de ser visto pela Comissão do Ministério da Cultura e da Propaganda para a obtenção do visto de produção e difusão, o personagem Ricardo III é tão simpático e positivo porque escapou à minha vigilância revolucionária. (*Gritando.*) E agora me deixe em paz!

TÂNIA / A VOZ DA AUTOCENSURA (*acende um fósforo e aproxima sua chama do rosto de Meierhold*): Vsévolod Meierhold, por que em seu espetáculo os personagens assassinados por Ricardo III continuam em pé até o final do espetáculo, olhando diretamente nos olhos dos espectadores? Enquanto o sanguinário Ricardo III fica olhando para o vazio?

MEIERHOLD (*passa entre os personagens "assassinados" por Ricardo III*): Camaradas, faço minha autocrítica. O personagem Ricardo III foi mais forte do que eu. Acho que não tive força para controlar seus movimentos no palco. Mas, de qualquer maneira, obrigado, camaradas! Obrigado por estarem na minha cabeça! Felizmente estão na minha cabeça. Obrigado por me vigiar... Obrigado, obrigado...

(O *fósforo termina de queimar. Escuro.*)

Meierhold, torso nu, sentado em uma cadeira, no meio da cena vazia. Ricardo III aproxima-se mancando.

RICARDO III: Tudo bem?

MEIERHOLD (*como se saísse de um pesadelo*)**:** Tudo. Estava aqui refletindo. Vire-se, mostre-me a corcunda. (*Ricardo III mostra-lhe a corcunda.*) Está muito grande. (*Grita para as coxias.*) Tânia, quero uma corcunda menor! (*Tânia, que age como uma cenógrafa, entra com uma corcunda reserva. Troca a grande corcunda de Ricardo III por outra, menor.*) Pronto... Vamos, vamos ensaiar.

(*Ricardo III avança, mancando, até a boca de cena.*)

RICARDO III: "Eis o inverno do nosso desgosto transformado em glorioso verão por este sol de York; e todas as nuvens que pesavam sobre nossa casa enterradas no seio profundo do oceano."

MEIERHOLD: Ricardo...

RICARDO III: Sim?

MEIERHOLD: Não gosto que manque assim, está exagerado... Caminhe quase normalmente.

RICARDO III (*retoma a cena depois de lançar um olhar reprovador para Meierhold*)**:** Tá bom... "Eis o inverno do nosso desgosto transformado em glorioso verão por este sol de York; e todas as nuvens..."

MEIERHOLD: Ricardo...

RICARDO III: O quê, meu saco!

MEIERHOLD: Essa corcunda continua ruim. (*Grita para as coxias.*) Tânia, quero uma corcunda menor ainda.

(*Tânia retorna com uma nova corcunda.*)

RICARDO III (*um pouco irritado*)**:** É, Volodea... Por que não gosta dela?

MEIERHOLD: Porque não funciona. Vamos, continue...

RICARDO III: "Eis nossas frontes cingidas com vitoriosos louros, nossos braços erguidos em estátua, nossos sinistros alarmas..."

MEIERHOLD: Espere um pouco... Tânia, quero que retire totalmente a corcunda.

RICARDO III: Como assim? Está me deixando sem corcunda?

MEIERHOLD: É, não tem mais corcunda.

RICARDO III: Mas a Comissão já me viu com a corcunda grande nas costas! O que ela dirá, a Comissão, se você retirar a corcunda?

MEIERHOLD: Não tem mais corcunda, basta uma indicação. Mas quero que abaixe um pouco o ombro esquerdo quando caminhar... Assim... Não, é demais... Só um pouco... Assim, esta será a única deformação de Ricardo.

RICARDO III: Então eu não manco mais?

MEIERHOLD: Não, caminhe normalmente. E vamos tirar também a capa.

RICARDO III: Mas é ótima, a capa... A Comissão me viu com a capa...

(*Tânia retira a capa de Ricardo III.*)

MEIERHOLD: Não, é uma capa de camelô. Quero um Ricardo verdadeiro, humano. Quero que seja verossímil. Vamos, continue.

RICARDO III (*totalmente deprimido*): "Eis nossas frontes cingidas com vitoriosos louros, nossos braços erguidos em estátua, nossos sinistros alarmas transformados em alegres reuniões, nossas marchas terríveis em saborosos compassos."

MEIERHOLD (*faz um gesto para Tânia*)**:** Tire o chapéu também... E a corrente também...

RICARDO III: Mas escute, ô obcecado, está me deixando nu e assim eu fico deprimido, mesmo...

MEIERHOLD: Vamos, continue...

RICARDO III: "A guerra com seu rosto hediondo suavizou sua fronte..." (*Meierhold faz um sinal para a espada de Ricardo III. Tânia retira-lhe a espada.*) "E agora, em vez de montar corcéis velosos para aterrorizar as almas dos inimigos, ela salta alegremente no quarto de uma mulher, sob o encanto lascivo do alaúde..."

(*Meierhold aponta para as luvas e para o largo cinturão de Ricardo III. Tânia retira-lhe as luvas e o cinturão.*)

Luz forte sobre Meierhold. Parece estar diante da Comissão, submetido a um interrogatório. Uma datilógrafa bate à máquina as perguntas e respostas. O barulho da velha máquina de escrever é infernal.

O PRESIDENTE DA COMISSÃO: Entre, entre, camarada Meierhold. Não vai demorar muito. Sabemos que trabalha bastante... Temos apenas uma pergunta para lhe fazer... Uma pergunta relacionada a esse autor... A esse autor inglês... (*Lê em um pedaço de papel.*) ... William Shakespeare. Sente-se. Quer um copo d'água? Então... a Comissão acompanhou com atenção o seu trabalho... Seu trabalho posto a serviço da classe trabalhadora... E justamente, para que fique tudo claro, pedimos aos nossos serviços que nos enviassem o dossiê desse autor... Desse autor inglês... Pois é... E justamente estávamos para examinar seu dossiê... E também sua foto... (*Estende a Meierhold a foto de Shakespeare.*) É ele mesmo, nessa foto, não é?

MEIERHOLD: É...

O PRESIDENTE DA COMISSÃO: Então confirma que esse é o seu retrato mesmo...

MEIERHOLD: É...

O PRESIDENTE DA COMISSÃO: Muito bem, era só isso que eu queria ouvir, por enquanto. Embora... digam que não é verdadeiramente autêntico, esse retrato...

MEIERHOLD: É, parece que não...

O PRESIDENTE DA COMISSÃO: Aliás, dizem que nenhum dos seus retratos é autêntico...

MEIERHOLD: É, parece que não...

O PRESIDENTE DA COMISSÃO: E você sabia disso?

MEIERHOLD: Sim, eu sabia.

O PRESIDENTE DA COMISSÃO: Compreendo... Dizem que até o busto dele, que está na igreja de... (*Lê.*) ... de Stratford, onde pretensamente seu corpo estaria sepultado, não é autêntico... Sabia de tudo isso, camarada Meierhold?

MEIERHOLD: Sim, eu sabia.

O PRESIDENTE DA COMISSÃO: Compreendo... (*Folheia o dossiê.*) Sabia também que ninguém, em lugar algum, nem na Inglaterra nem em qualquer outro país, ninguém nunca viu nem possuiu nenhuma carta escrita por ele?

MEIERHOLD: Sabia, sim.

O PRESIDENTE DA COMISSÃO: Muito bem, pelo menos está tudo claro. Sabia também que não se possuem nem mesmo os manuscritos das suas peças?

MEIERHOLD: Sabia, sim.

O PRESIDENTE DA COMISSÃO: Muito bem... Está parecendo um fantasma, esse tipo... He, he... É bom que saiba tudo isso porque, justamente, a Comissão está levantando o problema: e se esse pequeno-burguês de Stratford não for o autor das peças que dizem que são dele?

MEIERHOLD: Mas ele é o autor mais encenado no mundo...

O PRESIDENTE DA COMISSÃO: Camarada Meierhold, quanto ao que nos toca, estamos apenas cumprindo nosso dever. Estudamos as informações que estão no dossiê. A situação está clara. De qualquer maneira, não nega que ele foi um pequeno-burguês?

MEIERHOLD: Não...

O PRESIDENTE DA COMISSÃO: Fomos informados também de que ele era bem medíocre como autor... O que diz disso?

MEIERHOLD: Nada...

O PRESIDENTE DA COMISSÃO: Sabia também que papel ele representava em *Hamlet*?

MEIERHOLD: Representava o papel do espectro.

O PRESIDENTE DA COMISSÃO: Bom, é exatamente aí que eu queria chegar... Obrigado, camarada Meierhold, a Comissão analisará tudo isso... Chamaremos se precisarmos de mais informações...

Meierhold é abandonado sozinho em sua cadeira no meio da cena. Uma porta é aberta timidamente. A mãe entra, uma xícara de chá numa mão, uma valise na outra.

A MÃE: Tome... beba isso, meu bebê.

MEIERHOLD: Mamãe... mas...

A MÃE: Ai, fico aflita vendo você sempre trabalhando tanto...

MEIERHOLD (*muito embaraçado, a voz baixa*): Mas... Mas o que está fazendo aqui? Quem deixou a senhora entrar no palco?...

A MÃE: Quer que eu ponha um pouco mais de açúcar?

MEIERHOLD: Não, está bom.

A MÃE (*ajuda-o a beber o chá*): Como estou orgulhosa de você, meu bebê. Tem um talento louco, louco...

MEIERHOLD (*sempre em voz baixa*): Mamãe, por que está aqui?

A MÃE (*tira um pulôver da valise*): Não está feliz em me ver?

MEIERHOLD: É claro... Mas estou ensaiando, aqui...

A MÃE (*obriga-o a colocar o pulôver*): Tome, ponha isso... Tem muita corrente de ar neste palco... O que é mesmo que eu dizia... Ah, pena que você não monta *A Megera Domada*. Faz anos que ninguém monta. É uma pena! É uma peça alegre, bonita, fala de amor... (*A mãe tira um par de pantufas.*) Tome, coloque isso...

MEIERHOLD (*em voz baixa*): Mamãe, quem foi que mandou a senhora vir aqui?

A MÃE: O Serviço de Investigação de Atualizações Abomináveis.

MEIERHOLD: O Serviço de quê?!

A MÃE: O Serviço de Investigação de Atualizações Abomináveis. E não me envergonho... Não sou a única aposentada do bairro que trabalha como voluntária para o Serviço de Investigação de Atualizações Abomináveis... Que importa se estamos velhas? Pediram que nós fizéssemos um trabalho útil para a pátria... (*Bruscamente ela se torna muito violenta.*) Além do mais, as peças de Shakespeare têm que ser montadas com figurino de época! Não aprendeu isso na escola? Se ficar claro que se trata de uma época antiga... da história do povo inglês... um povo de que gostamos... E é por isso que eu ouso fazer a pergunta... eu, que sou sua mãe... E faço a pergunta pra você, meu filho... Por que quis mostrar uma página cruel da história antiga em figurinos atuais? Imagine que eu sou a classe trabalhadora. Imagine que os trabalhadores estão aqui e que façam essa pergunta...

MEIERHOLD: Bom, mamãe, se quiser...

A MÃE: Veja, o Ricardo que você criou... (*A Ricardo III.*) Venha cá, você... (*Ricardo III aproxima-se timidamente, como um menino repreendido.*) Assim como está, parece um cidadão da nossa pátria. E isto não fica bem. Porque poderia criar confusões. Compreende, Volodea?

RICARDO III (*responde em vez de Meierhold*): Sim.

A MÃE (*põe-se subitamente a encher o filho de pancadas*): Eu sei que você não quis atualizar. Ou será que você quis atualizar?

MEIERHOLD: Não!

RICARDO III (*que recebe também alguns golpes*): Não!

A MÃE: Pois é! Nossa classe trabalhadora sabe que você não trabalha com uma lógica abominável, burguesa, com uma encenação baseada na alusão de baixo calão... Os trabalhadores da nossa pátria e nosso partido dos trabalhadores sabem que meu filho não é capaz de recorrer a essa forma suprema de baixaria que é a alusão... A baixaria da alusão... A baixeza da baixaria da... Ou será que...

MEIERHOLD (*assustado*): Não, mamãe, não!

RICARDO III (*assustado*): Certamente! Não!

A MÃE: Então está bem... Era justamente isso que estávamos pensando, nós também, os voluntários aposentados do Serviço de Investigação das Alusões... Tínhamos certeza de que você não queria minar, com a sua encenação, as bases do nosso Estado trabalhador. Ou será que...

MEIERHOLD: Não!

A MÃE: Certo, então não traia Shakespeare... Não arrisque criar uma confusão, uma barafunda. (*Abre sua valise e tira a espada, a capa, a corrente, as luvas, o chapéu e o cinturão, e entrega-os a Ricardo III. Este imediatamente coloca tudo.*) Um grande artista não deve trair outro grande artista. Adeus, meu bebê... (*Bruscamente, ela se põe a chorar. Assoa-se, abraça Meierhold, etc. Tira da valise um brinquedinho de bebê.*) Vai parir quando, a sua mulher?

(*A mãe coloca o brinquedo nas mãos de Meierhold e desaparece sem esperar resposta.*)

Dois homens com casaco de couro trazem um trono teatral. Durante toda a cena eles entrarão e sairão trazendo outros elementos de cenário teatral, cadeiras, mesas, colunas, etc. Ricardo III põe novamente os acessórios que lhe restituem a imagem "à moda antiga".

HOMEM 1 (*sorrindo*): Salve, Volodea!

HOMEM 2 (*muito alegre*): Salve, Volodea!

MEIERHOLD: Alto lá! Já fiz minha autocrítica...

HOMEM 2: A autocrítica, nós cagamos pra ela!

HOMEM 1 (*sempre sorrindo*): Fomos enviados pelo Serviço de Faxina Ideológica de Superfície... O SEFIS.

HOMEM 2: Somos apenas faxineiros ideológicos de superfície...

HOMEM 1: Nossa ocupação é unicamente a faxina ideológica dos cenários, figurinos e acessórios...

HOMEM 2: Exatamente... Quer dar uma olhada na ordem de trabalho?

HOMEM 1: Veja, está claramente definido... A saliva envenenada das ideias do camarada Vsévolod Meierhold, que o camarada Vsévolod Meierhold espalhou sobre todos os acessórios, será limpada em todos os teatros da nossa pátria livre.

(*Põem-se a trabalhar.*)

RICARDO III (*imediatamente começa a ajudar os homens com casaco de couro, que colocam em cena toda uma panóplia de armas medievais, insígnias heráldicas, etc.*): Mas eu não fiz nada! Eu sou inocente! Não fiz nada mais, eu, do que seguir as ideias doentias do encenador. Aliás, jamais compreendi por que escolheu esta peça. Fui enganado, camaradas! Fui ludibriado! Eu não quero de maneira alguma servir aos interesses dos poderes estrangeiros...

MEIERHOLD: Mas a Comissão ainda não me censurou... Ainda nem falaram da peça... A Comissão...

RICARDO III: Diga-me, camarada Vsévolod, por que fez de mim um personagem positivo? Ninguém jamais fez de Ricardo III um personagem positivo. Eu sou de fato um assassino, um homicida, um ser cruel e sem escrúpulos... Por que esse olhar sereno e compassivo para mim?

MEIERHOLD: Porque você representa o mal sem mescla ideológica.

RICARDO III (*para os dois homens que trazem grandes castiçais*): Ouviram isso? Ele reconheceu tudo.

MEIERHOLD: Será que vivo sozinho dentro da minha cabeça? Não, não vivo sozinho dentro da minha cabeça... Não, eles conseguiram se instalar dentro da minha cabeça... Atenção, se continuarem ainda dentro da minha cabeça, eu vou explodir minha cabeça! Vou me suicidar como Maiakóvski... Se for a única forma de fazer com que saiam da minha cabeça, vou me suicidar!

HOMEM 1 (*polindo uma armadura*): Vsévolod Meierhold, pare de salpicar o cenário com a sua saliva!

HOMEM 2: Um pouco de respeito pelo nosso trabalho, camarada Mestre Artista.

MEIERHOLD: Fiquem sabendo que tive uma conversa com o Generalíssimo! O próprio Generalíssimo me fez uma visita, pessoalmente!

HOMEM 1: E você reacendeu o cachimbo dele. Não basta, camarada. Não basta.

MEIERHOLD: O teatro não é um espelho, mas uma lente de aumento! Foi Maiakóvski quem disse.

HOMEM 1: É, mas Maiakóvski está morto.

(*Os dois homens com casaco de couro colocam ainda alguns elementos cenográficos aos pés de Meierhold e saem.*)

RICARDO III (*corre atrás dos dois homens*): Não me deixem aqui... Tirem-me da cabeça dele... Tirem-me desta jaula... Estou preso na cabeça dele...

(*Escuro.*)

Meierhold sozinho no escuro, no quarto de dormir. Ouvem-se passos que se aproximam. Tânia entra, acende uma lâmpada. Fez algumas compras. Solta no chão duas sacolas e desmorona na cama. Seu ventre está monstruosamente crescido.

TÂNIA: Ele começou a assoviar uma marcha enquanto eu fazia as compras. Fiquei tão envergonhada.

MEIERHOLD (*como se lhe tivessem dito outra coisa*): Não, não basta...

TÂNIA: Felizmente todo mundo fez de conta que não ouviu nada.

MEIERHOLD: Ou talvez não seja no interior da cabeça que podemos ser livres. Talvez só se possa ser livre no interior do coração. O que você acha, se eles já estão na minha cabeça, será que meu coração está também em perigo?

TÂNIA: Por que todo mundo na rua sempre faz de conta que não ouve os fetos que assoviam marchas nas barrigas das suas mães?

MEIERHOLD: Quem foi que disse SIM? Alguém fala em meu lugar dentro da minha cabeça, isso não é normal. Meu coração se cala e minha cabeça fala, isso não é normal.

TÂNIA: Encontrei outras mulheres grávidas, mas não tive coragem de falar com elas. Elas também, aliás. Todas as mulheres grávidas se evitam cuidadosamente. Por quê?

MEIERHOLD: No entanto, entre a cabeça e o coração a distância não é muita... Ou talvez eu esteja enganado... Por que minha cabeça jamais ousa fazer perguntas ao meu coração? Meu coração não tem nada de surdo, pelo contrário... Um coração que bate não pode ser surdo, não é? Pode ser cego, mas não surdo... A não ser que a cabeça tenha conseguido enclausurar o coração... Por que existe uma resposta na minha cabeça para todas as minhas questões e o meu coração permanece mudo? É normal que o coração fique mudo quando a cabeça está cega?

TÂNIA: Às vezes tenho até a impressão de que ele começa a cuspir. Percebe? Ele cospe dentro da minha barriga, cospe no meu interior. Sinto ele cuspir na minha barriga, cospe com uma espécie de desprezo... Por quê?

(*Abre as sacolas.*)

MEIERHOLD: Por favor, apague a lâmpada... A luz não me deixa pensar. Neste país só se pode pensar no escuro.

TÂNIA: Volodea, é preciso fazer alguma coisa. Logo ele começará a morder-me por dentro. Seus dentes já estão crescendo. Normalmente eu já teria parido, mas ele não quer sair.

MEIERHOLD: Ou talvez meu coração esteja fechado? Será que o coração se fecha quando a cabeça está cega? Será que o coração e a cabeça podem estar os dois ao mesmo tempo cegos, surdos e mudos?

(*Tânia tira das sacolas os produtos que comprou, parece que prepara uma viagem: um pacote de açúcar, vários pares de meias de lã, sabão, uma lata de chá, etc.*)

TÂNIA: Deveria ter montado Sonho de Uma Noite de Verão. Está cheia de fadas, é bonita, é simples, é um conto...

MEIERHOLD: Sempre pensei que o coração fosse nossa última tábua de salvação. Que a cabeça às vezes sucumba, não me espanta, mas se o coração continua, isso é de fato muito perigoso para o homem. (*Chama seu personagem, que não retorna.*) Ricardo!... Ricardo, onde é que você está?... Ricardo, o coração deveria ser uma fortaleza contra a loucura e, no entanto... Por que o coração abandona tão rápido a cabeça?

TÂNIA: Quando ouve a palavra "parir", encolhe-se e começa a tremer. Então eu cedo e acaba que ele não quer mais sair. E eu, aumento cada vez mais. Se isso continua assim, um dia estarei tão grande que não poderei mais caminhar. Mas ele parece estar contente. Eu estar crescendo assim o deixa tranquilo. Quanto mais eu cresço, mais ele se sente protegido.

MEIERHOLD (*que pela primeira vez presta atenção nas palavras de Tânia*): Recoloquei os figurinos, as perucas, as espadas... Os cenários são magníficos, parece que estamos num verdadeiro castelo... O que mais eles querem?

TÂNIA (*aproxima-se de Meierhold, senta-se, obriga-o a sentar-se ao lado dela, toma-lhe a mão e coloca-a* *sobre seu ventre*): Sou uma prisão para ele ou é antes ele que se tornou uma prisão para mim? Não compreendo mais nada. Você pediu aos atores que se movimentassem no palco como se estivessem fechados em uma prisão.

MEIERHOLD: É esta a resposta! Se a cabeça é a prisão do coração, é preciso que a cabeça exploda!

TÂNIA: E você transformou em objetos ridículos todos os acessórios que o partido pediu para recolocar. Pensa que ninguém nota isso?

MEIERHOLD: É, eu sei... É um dever de todo cidadão trabalhar benevolamente para o Serviço de Identificação de Prisões Dissimuladas nas Obras de Arte da Nação...

> Batidas à porta. Os dois olham demoradamente
> para a porta.

MEIERHOLD: Está aberta.

(*Entra Ricardo III. Manca, tem uma grande corcunda nas costas e agita sua espada. A grande corcunda, as luvas, a capa, etc. estão no seu "lugar". Ele carrega também uma armadura e um capacete.*

Ouve-se toda a panóplia de ruídos de uma batalha à moda antiga: trombetas, rufar de tambores, gritos de soldados, relinchos de cavalos, ruídos de espadas que se cruzam, etc. Ricardo III atira-se à cena de batalha.)

RICARDO III (*como uma tempestade, gritando*): "Um cavalo! Um cavalo! Meu reino por um cavalo!" (*Para ao perceber a expressão desorientada de Meierhold.*) O que é que não está bom?

MEIERHOLD: Nada, está bom... Perfeito... É... Eventualmente... Tente não gritar tão alto.

(*Ricardo III faz um sinal e para a trilha sonora. Sai. Volta a trilha sonora da batalha. Ricardo III entra como uma tempestade, mas gritando mais baixo.*)

RICARDO III: "Um cavalo! Um cavalo! Meu reino por um cavalo!" (*Para e olha para Meierhold.*) O que foi agora?

MEIERHOLD: Não olhe para o público. Não busque o olhar do público. Não se aproxime da boca de cena.

RICARDO III: Olho para onde, então?

MEIERHOLD: Olhe para o cavalo ausente. Está num campo de batalha e procura um cavalo vivo no campo de batalha. É tudo.

(*Volta a trilha sonora da batalha. Ricardo III refaz a cena.*)

RICARDO III: "Meu cavalo por um reino! Meu cavalo por..." (*Para, joga sua espada no chão.*) Puta merda. "Meu reino por um cavalo!" Estou com tanto medo que até esqueço o texto... (*Tira o capacete, enfia a mão num bolso escondido da capa e tira uma garrafinha. Bebe e passa a garrafa a Meierhold.*) Chá?

(*Meierhold bebe. Tânia sai e retorna com alguns adornos para o capacete de Ricardo III.*)

TÂNIA: Ó, eles chegaram...

(*Tânia começa a fixar os adornos no capacete. Meierhold estende-lhe a garrafa.*)

RICARDO III: Estou cheio de brancos na memória... por causa do medo... Um dia ainda vou me borrar em cena... (*Pausa. Os três desatam a rir.*) Bom, pelo menos eu reconheço... Estou com medo, Volodea.

MEIERHOLD: Eu sei...

(*Tânia dá um grito de horror. Ouve-se uma espécie de mugido que vem do seu ventre.*)

O FETO NO VENTRE DE TÂNIA: Mmm!

(*Pausa. Os personagens entreolham-se perturbados.*)

O FETO NO VENTRE DE TÂNIA: Mmm! Mmm!

TÂNIA: O que é que eu faço?

MEIERHOLD: Ora... Responde pra ele...

RICARDO III: É normal ele falar assim?

O FETO NO VENTRE DE TÂNIA: Ora, responde pra ele; ora, responde pra ele; ora, responde pra ele!

RICARDO III: Está ouvindo isso?

MEIERHOLD: Estou, estou ouvindo.

O FETO NO VENTRE DE TÂNIA: Estou ouvindo. Estou ouvindo. Estou ouvindo.

RICARDO III (*a Meierhold*)**:** Isso não é normal. Não... Eu sempre lhe disse... Devia ter montado *Hamlet*. Ao menos *Hamlet* é uma história de teatro dentro do teatro...

MEIERHOLD: Como é?

O FETO NO VENTRE DE TÂNIA (*mugindo*)**:** Devia ter montado *Hamlet*, devia ter montado *Hamlet*, devia ter montado *Hamlet*...

(*Os três personagens continuam perplexos. Meierhold e Ricardo III encostam o ouvido no ventre de Tânia.*)

MEIERHOLD: Que foi que ele disse?

TÂNIA: Não sei...

RICARDO III: Eu não ouvi nada...

MEIERHOLD: Então quem falou, se você não ouviu nada?

RICARDO III: Eu me recuso a ouvir coisas que ninguém ouviu. Você ouviu alguma coisa, ouviu?

MEIERHOLD: Não, eu também não, eu não ouvi nada... (*A Tânia.*) Tânia, ouviu alguma coisa?

TÂNIA (*gritando*)**:** Nãããão.

MEIERHOLD: Então, ninguém ouviu nada....

Entra o pai, com uma maleta na mão.

O PAI: Bom dia, crianças...

MEIERHOLD: Bom dia, papai...

O PAI: É magnífica, a cena da batalha... Mas tem que depurá-la um pouco...

MEIERHOLD: Sempre benevolente?

O PAI: Sim.

MEIERHOLD: E por que, pai?

O PAI: Porque eu creio na importância de um bom Serviço Público de Depuração Ideológica! Por isso! (*Pausa.*) É, é mesmo uma magnífica batalha à moda antiga... E depois, quando Ricardo III aparece... e põe-se a errar pelo campo de batalha... entre todos esses cadáveres... É extraordinária... E todos esses cadáveres com camisas brancas... E todo esse sangue...

(*Dá seu casaco e seu boné para Tânia.*)

MEIERHOLD: Se acha que utilizei muito sangue...

O PAI: Ah, não, por quê? (*Tânia traz uma cadeira para o pai.*) Digamos que sim, não seria mau tirar um pouquinho do sangue... Ainda mais que o contraste é tão forte, como essas belas camisas de época, brancas até demais. (*Tira da maleta um brinquedo infantil, que dá para Tânia. É um brinquedinho para bebês com um chocalho.*) Não, o problema não é o sangue... O problema são as feridas.

MEIERHOLD: O Serviço Público de Depuração Ideológica acha que as feridas não são bastante... profundas?

O PAI: Isso mesmo. Mas é uma questão de detalhe...

MEIERHOLD: Diga-lhes que vou retrabalhar as feridas.

O PAI: Muito bem, é isso, dedique-se a isso, retrabalhe as feridas... Como estão, não parecem muito convincentes... Não se tem a imagem clara de um massacre.

(*Tânia traz uma toalha branca e estende-a no chão.*)

O PAI: É que não se vê claramente que essa gente se matou à moda antiga, quer dizer, com machados, sabres, facas... Desse jeito, parece mais que os seus mortos... foram executados... como se tivessem recebido, todos, uma bala no coração ou na nuca...

MEIERHOLD: Muito bem, diga-lhes que vou retrabalhar todo o massacre à moda antiga.

(*O pai abre a maleta e tira um pão grande, belos tomates, salsichão defumado, uma garrafa de vinho, etc. É a imagem mesma do pai chegando do campo e trazendo para seus filhos um pouco dos bons produtos da fazenda. Coloca tudo sobre a toalha branca. Tânia traz uma faca e copos.*)

O PAI: Pronto. É isso que o Serviço Público de Depuração Ideológica pensa. Para não dar margem a confusão. (*Abre a garrafa, fatia o pão, corta o salsichão.*) Porque os espectadores poderiam chegar e perguntar: Ricardo III está errando por um campo de batalha ou em uma vala comum recém-aberta? Ora, Shakespeare...

MEIERHOLD: Ele não fala de uma vala comum...

(*O pai enche copos para todos.*)

O PAI: É justamente o que iriam dizer... E então, já que existe o risco da confusão... vão pensar, veja, vão lhe dizer tudo isso... você ainda é meu filho... À nossa! (*Eles bebem.*) As camisas brancas manchadas de sangue, é bonito, mas tem que haver também flechas...

MEIERHOLD (*que termina sua bebida*): É bom demais.

O PAI (*com a boca cheia*): Pois a falta das flechas é desagradável... Por que não há flechas cravadas nos corpos?

MEIERHOLD (*provando o pão*): Vou colocar flechas cravadas por todos os lados, prometo.

O PAI (*levanta o copo*): À nossa!

MEIERHOLD: À nossa!

O PAI (*bebe com prazer*): E espadas, e facões, e machados... Se não tiver flechas suficientes, não hesite em nos avisar, serão liberadas verbas para que arranje as flechas.

MEIERHOLD: Está bem...

O PAI (*enxuga a boca e os dedos, tira um caderno e um lápis*): De quantas flechas acha que vai precisar?

MEIERHOLD (*que também come, como um bom menino*): Algumas centenas...

O PAI: Quantos figurantes mortos há pelo chão?

MEIERHOLD: Mais ou menos vinte...

O PAI: Três flechas por cadáver é o suficiente?

RICARDO III (*a boca cheia*): É demais.

O PAI: Você, calado.

MEIERHOLD: Sim, está ótimo... Três por cadáver. Eu de fato nem esperava tanto...

O PAI: Vamos colocar quatro... Para que fique bem claro... E facões?

MEIERHOLD: Acho que um facão por pessoa está bem.

RICARDO III (*a boca cheia*): É demais...

O PAI (*a Meierhold*): Você que sabe... (*A Ricardo III.*) Cale a boca, já disse. (*Ele recomeça a empanturrar-se.*) Um, dois... Como quiser... (*A Tânia.*) Mas, venha, Tânia, coma...

MEIERHOLD: E machados, se quiser...

O PAI (*a boca cheia*): Machados... quantos?

MEIERHOLD: O mesmo. Um machado por soldado morto.

RICARDO III: Genial!

O PAI (*tira da maleta um segundo brinquedo infantil e entrega-o a Tânia.*)**:** Muito bem... Assim eliminamos todas as falsas pistas... E, depois, observamos ainda uma coisa...

MEIERHOLD: É... O cavalo morto?!

(*Os dois encarregados da Limpeza Ideológica de Superfície entram. Trazem flechas.*)

HOMEM 2: Onde botamos, Chefe?

O PAI: Por todos os lados. Cravem-nas por aí afora... (*A Meierhold.*) Não, o cavalo não tem importância ideológica.

RICARDO III: É, mas ele é negro com uma crina branca...

O PAI: Não, o problema não é o cavalo, mas a expressão que está nos rostos de todos esses cadáveres... Não acha que todos esses mortos têm uma expressão... como dizer... espantada demais? Como se não compreendessem por que a morte caiu-lhes em cima... (*Aos homens que cravam as flechas.*) Lá também... (*A Meierhold.*) Como se a morte os tivesse tomado de surpresa... Não são soldados, mercenários? Faz parte do seu próprio ofício preparar-se para a morte, não?

MEIERHOLD: Mas claro!

O PAI: Então por que essa expressão de espanto profundo, de tristeza mórbida e de total desgosto posta nos rostos de todos esses mortos?

MEIERHOLD: Vou retrabalhar a tristeza.

O PAI: Bom, tenho que andar... (*Tira ainda alguns brinquedos da maleta e espalha-os pela sala. Cria assim uma espécie de campo de batalha.*) Eu, por mim, acho que é bom remodelar esses rostos... É preciso trabalhar isso ainda para fazer neles...

MEIERHOLD: Está bem. Vou tirar o espanto e o desgosto, e vou atenuar a tristeza.

O PAI: Muito bem... Ah, uma coisa ainda... Por que os personagens olham para as poltronas vazias como se tivessem a intenção de olhar mais tarde os espectadores diretamente nos olhos?

MEIERHOLD: Porque a palavra é reforçada pelo olhar, papai...

O PAI: Vamos, vamos, vamos... Nós achamos que os personagens deveriam olhar para os acessórios... É para isso que servem os acessórios...

RICARDO III: Eu olho para os acessórios!

MEIERHOLD: Obrigado pela boia, papai...

O PAI: Bom, não direi mais nada... Vou deixá-los trabalhar, meus filhos... Até logo...

RICARDO III: Eu olho para os acessórios, eu...

(*Saindo, o pai lança um olhar ácido para Ricardo III. Coloca no chão um último brinquedo, um coelhinho que toca um tambor.*)

12

Luz forte sobre Meierhold, só, sentado em uma cadeira no meio de um campo de batalha cheio de cadáveres "à moda antiga". Ouve-se o barulho da velha máquina de escrever.

O PRESIDENTE DA COMISSÃO: Entre, entre, camarada Meierhold. Não vai demorar muito. Sabemos que trabalha bastante... Temos apenas uma pergunta para fazer... Uma pergunta relacionada aos momentos de silêncio no seu espetáculo...

MEIERHOLD: É, eu sei... Às vezes o silêncio dá medo...

O PRESIDENTE DA COMISSÃO: Então reconhece que há muitos momentos de silêncio...

MEIERHOLD: Sim, meus silêncios são culpáveis!

O PRESIDENTE DA COMISSÃO: Quer um copo d'água, camarada Meierhold?

MEIERHOLD: Camarada, estou disposto a trabalhar de uma forma construtiva com a SISS... a Seção de Investigação de Silêncios Suspeitos... Toda palavra está envolvida em uma aura de silêncio. E essa aura de silêncio representa uma força gravitacional terrível. Ela capta a atenção mais ainda que a própria palavra. E às vezes essa aura de silêncio transmite mesmo o contrário do que a palavra parece estar transmitindo.

O PRESIDENTE DA COMISSÃO: Então reconhece que os seus atores às vezes se calam durante longos segundos de maneira ambígua.

MEIERHOLD: Perdão, camaradas... Esqueci a dimensão ideológica do silêncio... Deixem que eu me retrate. De agora em diante todos os meus silêncios serão imperceptíveis. Está bem assim?

O PRESIDENTE DA COMISSÃO: Então reconhece que os seus atores, depois de algumas falas, calam-se de uma maneira incômoda para a classe trabalhadora.

MEIERHOLD: Sim, camarada. E peço humildemente a ajuda do partido para expurgar minha obra de todos os momentos de silêncio suspeito.

O PRESIDENTE DA COMISSÃO: Então reconhece que com seus momentos de silêncio põe em perigo o papel de liderança do proletariado.

MEIERHOLD (*gritando*): Camaradas, eu não reconheço nada! Minha obra tem os ouvidos moucos!

O PRESIDENTE DA COMISSÃO: Está delirando, camarada. Está muito cansado. Sabemos que tem trabalhado muito. Toda nossa classe operária trabalha muito. Mas nem por isso ela delira.

MEIERHOLD: Muito bem, eu me calo. (*Pausa.*) Mas meu silêncio pode parecer sarcasmo... (*Pausa.*) Ouvem esse silêncio? (*Pausa.*) Silêncio demorado na boca, um pouco sarcástico se for muito longo, com um quê de medo e com algo de irônico... Sou um enólogo do silêncio, camarada...

O PRESIDENTE DA COMISSÃO: Então reconhece que quis envenenar nossa classe trabalhadora com seus silêncios...

MEIERHOLD: Silêncio envenenado, silêncio amargo, silêncio trivial... Camaradas, vocês têm razão! Não deixamos de nos comunicar quando calamos. Entre duas palavras, entre duas frases, há um espaço onde o silêncio diz o contrário do que as palavras querem dizer. É por isso que em meu espetáculo os personagens ficam calados com tanta frequência... Felizmente o partido tem ouvido musical... Camaradas, eu me acuso de dirigir uma organização enganadora que fomenta todos os momentos de silêncio antirrevolucionários no domínio da arte...

O PRESIDENTE DA COMISSÃO: Bem, é tudo por hoje. Pode ir...

MEIERHOLD: Eu, Vsévolod Meierhold, comunista da primeira hora, dou testemunho de insolência cidadã unicamente pela escolha dessa peça encenada em silêncio... Unicamente pela escolha dessa peça eu quis dizer que vivemos em um estado de silêncio assassino... que o partido que governa o silêncio da nova sociedade é um partido assassino, que nosso silêncio supremo também é uma máquina de matar, e que o silêncio popular sobrevive graças ao crime...

O PRESIDENTE DA COMISSÃO: Basta, camarada, pode se recolher...

MEIERHOLD (*gritando*): Digo que a escolha dessa peça é politicamente falsa, trivial ideologicamente e totalmente reacionária. Através da minha silenciosa encenação eu quis denegrir a realidade do meu país. As metáforas da encenação silenciosa exalam um gás inodoro que se espalha pela plateia como a peste. As imagens de silêncio que criei são verdadeiras bombas fedorentas jogadas na cara dos espectadores... Onde você está?... Camarada Presidente da Comissão, onde está? (*Percorre o palco, aproxima-se da boca de cena.*) Onde está... (*Pausa.*) Zenaida... (*Pausa.*) Zenaida, está me ouvindo?

A JOVEM (*põe a cabeça para fora do buraco do ponto, chorando*): Sim, estou aqui... Estou ouvindo, camarada encenador...

MEIERHOLD: Será preciso que você me sopre, de agora em diante, também os momentos de silêncio... Que você me sopre o silêncio, Zenaida...

A JOVEM: Está certo, camarada encenador...

Os atores da companhia fazem uma festa em torno de uma mesa. A jovem do ponto toca um violão. Todo mundo canta uma canção de amor. A jovem está sentada na mesa, a perna engessada estendida sobre esta. Um após outro, os atores passam e desenham ou escrevem alguma coisa sobre o gesso da jovem.

A JOVEM: Ai, isso me faz cócegas!

PIOTR: Saiba todo mundo! Escrevi uma declaração de amor na perna de Zenaitchka... (*Passa o lápis para Ivan.*) Tome! E não leia meu poema!

MEIERHOLD: Vamos, Tânia, coma alguma coisa.

TÂNIA: Não posso...

MEIERHOLD: Um pouco de sopa... É leve.

TÂNIA: Não, quero um limão.

MEIERHOLD: Um limão! Um limão! Tem um limão nesta casa?

PIOTR: Meu reino por um limão! (*Traz um limão em uma bandeja.*) Meu reino por um limão!

MEIERHOLD (*a Tânia*)**:** Mas pegue também um pouco de torrada...

IVAN: Caros camaradas! Faço este brinde... a essa bela perna engessada... que amanhã de manhã vai correr livremente...

TODOS: É! Pela liberdade das pernas!

IVAN: E por nossos corações silenciosos... mas que continuam batendo...

(*Todo mundo levanta o copo, grita, etc.*)

PIOTR: Zenaida... Zenaida, cante ainda alguma coisa pra nós... Você é a rainha do baile esta noite! Vamos...

(*A jovem canta, todo mundo bate palmas.*)

ANTON (*podre de bêbado, a Meierhold*)**:** Magnífica... Magnífica... É belíssima, Volodea... Fantástica, essa força que você tem pra demolir os clichês... É forte, verdadeira... Vemos os seus rostos e vemos que a batalha se instaura no interior das suas cabeças... Vemos projetado nos seus rostos o filme do combate dos seus corações... Quero morrer...

(*Anton cai embaixo da mesa.*)

TÂNIA: Vamos, saia daí...

ANTON (*estende o seu copo*)**:** Quero morrer, mas com o copo cheio...

(*Ivan enche o copo.*)

ANTON: Camarada Vsévolod, já que continua vivo, será que posso fazer uma pergunta?

MEIERHOLD: Não!

ANTON: De qualquer maneira, conheço todas as respostas, camarada Mestre Artista. Sabe muito bem que moro na sua cabeça, sabe muito bem que meu local de trabalho é a sua própria cabeça, o interior da sua própria cabeça, a sua própria liberdade interior, o desconhecido da sua cabeça e a força da sua liberdade interior... Bebida, Ivan! (*Ivan enche o seu copo.*) Querem saber, camaradas, por que todos nós temos tanto medo de Ricardo?

MEIERHOLD: Sim.

IVAN: Não!

PIOTR: Sim, sim!

TÂNIA: Ele me faz vomitar! Ele me faz vomitar! Basta ouvi-lo, e quero vomitar...

ANTON (*sempre no chão*): Querem saber por que temos tanto medo dessa peça e por que, ainda assim, deixamos que circule nas livrarias, nas bibliotecas...

MEIERHOLD: Sim.

PIOTR: Não! Sim...

A JOVEM (*que para de cantar*): Vamos, chega. Agora você vai deitar.

ANTON: Sim, vou dormir nos seus braços...

PIOTR: Que todo mundo saiba! Sou eu que amo Zenaitchka...

ANTON: Ah, não! Vamos sorteá-la. Estamos em um país em que todo mundo tem sua oportunidade! Quem quer participar do sorteio da Zenaida?

PIOTR: Eu!

IVAN: Eu!

MEIERHOLD: Eu!

TÂNIA (*põe-se a estapear Meierhold*): Coisa bruta! Olhe para ele! Posso parir a qualquer momento, e ele...

ANTON: Sim, sim, temos que bater nos artistas! Temos que bater neles! Volodea... Volodea, venha cá... Tive uma revelação... Ficar embaixo da mesa ampliou os meus horizontes... Visto daqui, tudo fica bem mais claro...

(*Enquanto os outros se põem a cantar e dançar, Meierhold junta-se a Anton sob a mesa.*)

MEIERHOLD: Sim... Sim, sim, sim...

ANTON: Camarada Mestre Artista, não compreende nada das inquietudes do poder. Quando um cidadão lê uma história na sua solidão, não há perigo algum. Quando o cidadão está sozinho no seu quarto, deitado na sua cama, fechado no seu jardim... o poder fica tranquilo...

MEIERHOLD: Sim...

ANTON: Mas quando a palavra é posta em público, por exemplo em uma sala teatral diante de um monte de gente viva... isso fica perigoso.

MEIERHOLD (*desiludido, fatigado*)**:** Sim...

ANTON: A emoção que alguém sente na sua solidão... não é perigosa, mas a emoção coletiva que nasce da relação entre um saltimbanco e uma multidão... essa emoção pode tornar-se um coquetel perigoso, pois essa emoção, a emoção coletiva, é o embrião da revolta... Eu não sou tão bobo quanto pareço, afinal... Veja, Volodea, não sou apenas um bêbado...

(*Tânia emite um terrível grito. Como se as dores que anunciam o nascimento tivessem começado. Rufar de tambores. A parede do fundo transforma-se em uma imensa janela que se abre bruscamente. Surge o Generalíssimo. Veste um avental branco e empurra, como nos grandes restaurantes, uma mesa com rodinhas, sobre a qual há um prato coberto por uma enorme tampa.*)

O GENERALÍSSIMO: Boa noite, meus artistas. Estão festejando! Ótimo! É ótimo quando os artistas estão felizes! Um país onde os artistas são felizes, quer dizer que tudo vai bem e que o país também está feliz! E então, também eu fico feliz! E porque estou feliz, vejam! Cozinhei pra vocês! É mesmo, vejam, não tenho vergonha de cozinhar de vez em quando pequenas iguarias para os artistas que me agradam... Não estou a serviço do meu povo? É uma grande honra para mim servir um grande artista como nosso camarada Mestre Artista Vsévolod Meierhold e sua trupe... Posso sentar um pouco com vocês?

IVAN: Claro... Claro, camarada Generalíssimo... Venha sentar-se... Estamos muito honrados... Fizemos uma festa porque... Merda, por que fizemos esta festa?

TÂNIA: Porque nossa camarada e amiga Zenaida está com uma perna engessada...

IVAN: É, é isso... Conte, Zenaida...

A JOVEM: É, faz meses e meses que estou com este gesso... e como amanhã vou tirar o gesso... Posso servir-lhe um copo, camarada Generalíssimo?

(*Ivan estende um copo, Tânia põe bebida para o Generalíssimo. Como em certos números de palhaços, o copo não tem fundo e o líquido derrama-se no chão.*)

O GENERALÍSSIMO: Bom! À liberdade das pernas, então! (*Todo mundo permanece imóvel.*) Vamos, comam, meus queridos camaradas artistas... Vocês todos precisam repor as forças...

(*Rufar de tambores. O Generalíssimo levanta a tampa. Revela-se que o prato é a cabeça viva de Ricardo III, que pisca febrilmente, ofuscada pela luz fortíssima.*)

A CABEÇA DE RICARDO III: Boa noite, camaradas! Boa noite, Volodea...

O GENERALÍSSIMO: Comam, comam, camaradas... E você, camarada Tânia... Logo porá no mundo um filho de artista, um homem novo, um filho da Revolução. Comam, família ideal! Bom apetite! Eu deixo vocês, agora.

(*O Generalíssimo sai. Alguns longos segundos de silêncio. Paralisados, os atores "contemplam" o prato. A cabeça dá-lhes uma piscadela.*)

A CABEÇA DE RICARDO III (*em voz baixa*): Pssiu... Acendam um cigarro pra mim, por favor... (*Aéreo, Meierhold acende um cigarro e coloca-o entre os lábios de Ricardo III. A atmosfera fica mais leve.*) Obrigado, Volodea...

MEIERHOLD (*aturdido, a Tânia*)**:** Bom, é melhor comermos, agora...

A CABEÇA DE RICARDO III: Escutem, bando de pinguços, não é tarde demais para fazer uma autocrítica coletiva...

MEIERHOLD: Bom, vamos comer... É nosso dever, camaradas...

(*Pega um garfo e uma faca. Todo mundo o imita. Os personagens comem e também dão de comer e beber a Ricardo III.*)

A CABEÇA DE RICARDO III: Muito bem... Está certo... E você, Volodea, repita comigo... Sim, com minha encenação, quis demonstrar que o mal tem um poder enorme de fascinação...

TÂNIA (*que ajuda Ricardo III a fumar*)**:** Não, eu jamais poderia parir esta criança. Mas talvez amanhã eu consiga vomitá-la.

MEIERHOLD: Cale a boca e coma!

TÂNIA: É mesmo, por que não parir pela boca? O partido exorta as mulheres a produzirem mais e mais trabalhadores. Talvez seja mais fácil, nesse caso, vomitá-los do que pari-los.

MEIERHOLD: Cale a boca e coma!

A CABEÇA DE RICARDO III (*mastigando*)**:** Repita, Volodea, repita comigo. Sim, na minha encenação, os gestos dos meus personagens estão em desacordo com as suas palavras. (*Recebe de vez em quando um pouco de comida.*) Enfim, eles dizem uma coisa mas fazem uma outra coisa. Sugiro assim que se trata de um mundo de esquizofrênicos. (*Dão-lhe bebida, também.*) Sim, eu reconheço perante os camaradas que cultivo uma arte burguesa que está em processo de extinção natural...

TÂNIA (*a seu marido, enquanto ela ajuda Ricardo III a fumar*): Temos que chamar um táxi! Não posso mais...

MEIERHOLD: Passa o sal? Coma!

TÂNIA: Não se sabe de nenhum nascimento por parto natural em nosso país há 25 anos. Foi meu médico que me disse, em segredo. Por que então fazer a Revolução se as crianças vomitam no ventre de suas mães? Por que mais nenhum feto quer sair? Por que nunca se fala da revolta dos fetos?

A CABEÇA DE RICARDO III (*canta como numa ópera*): Cante comigo, Volodea... Sim, eu cultivo um teatro de ateliê... (*O delírio instaura-se completamente. Os atores, cada vez mais bêbados, dançam em volta da mesa. Ricardo III grita cada vez mais forte.*) Eu, Vsévolod Meierhold, eu cultivo um teatro que parece arte pura e que na verdade é uma arte podre. Sim, eu me sujeito a um ideal estético, e portanto eu me sujeito aos inimigos da classe trabalhadora... Mas estou disposto, camaradas, a retomar o contato com a realidade. Temos necessidade de uma arte que trate da vida real. O novo encenador deve ser um servidor do trabalho e do cotidiano.

(*Tânia lança gritos cada vez mais fortes. Seu ventre é sacudido por golpes cada vez mais fortes, vindos de dentro. Até o final da cena os outros personagens que dançam em volta da mesa vão desaparecendo.*)

Nosso teatro proletário deve ser biologicamente útil, psicologicamente regrado, racional, econômico... Uma alta tecnologia e a mecanização devem, tanto nesse teatro quanto na sociedade coletivista, triunfar sobre o individualismo desorganizado...

MEIERHOLD (*gritando, tapando as orelhas*)**:** Não, ele não é meu filho... Não...

A CABEÇA DE RICARDO III: É, é verdade, eu não compreendi a verdadeira missão do ator proletário... Continuei sendo um encenador cabotino individualista... Sim, camaradas, renuncio à metáfora, pois toda metáfora é subversiva... Sim, reconheço que fui um lixeiro da literatura... Os quadros das minhas encenações foram emporcalhados pelo vômito dos representantes do teatro burguês...

MEIERHOLD: Não, ele não é meu filho... Não...

A CABEÇA DE RICARDO III: Eu reconheço que escarafunchei, quase toda minha vida, numa montanha de imundícies podres do teatro decadente... Meu teatro tem sido um teatro do fedor, todas as minhas encenações foram fedorentas, fediam a espírito revanchista... Vamos, repita tudo isto, "Mestre Artista"... É sua última chance...

(*Tânia, gritando, fecha a boca de Ricardo III com uma toalha de papel.*)

14

Dois homens com casacos de couro empurram para o centro da cena uma cama ginecológica e nela instalam Tânia. Os mesmos homens algemam Meierhold e sentam-no em uma cadeira, entre as pernas de Tânia, para que assista ao parto.

HOMEM 1: Empurre, camarada futura mãe. Empurre. Vamos, seja boazinha e empurre...

HOMEM 2: E nunca mais tente vomitar o seu bebê pela boca. O partido proíbe formalmente todo parto pela boca...

TÂNIA: Estou empurrando mas... Toda vez que empurro, tenho a impressão de que ele volta para a minha boca... E isso me dá vontade de vomitar.

HOMEM 1: Camarada marido, venha ajudar um pouco sua mulher.

HOMEM 2: Vamos, um pouco de ternura!

MEIERHOLD: Mas o que quer que eu faça?

HOMEM 1: Cuide da sua boca. Se ela tiver vontade de vomitar, abrace sua mulher em cima da boca.

MEIERHOLD: Tânia, por que faz isso comigo? Por que quer parir pela boca?

HOMEM 2: Trouxe flores, camarada marido?

HOMEM 1: É uma montanha de gelo, Volodea. Sua mulher está se esforçando para pôr o seu filho no mundo e você esqueceu as flores.

HOMEM 2: Empurre, camarada futura mãe. Respire com todo o pulmão e empurre.

(*Ouve-se um urro feroz vindo do ventre de Tânia.*)

TÂNIA: Estou empurrando, camaradas, mas ele não quer sair. Está se agarrando nas minhas entranhas...

HOMEM 1: Um esforcinho ainda... Pronto... Empurre... Empurre...

(*A criança urra, a mãe empurra, os dois homens pegam a cabeça da criança.*)

HOMEM 2: Empurre, empurre... Pronto... Muito bem... Veja, a coroa já saiu... Tome, camarada papai...

(*Os dois homens põem sobre a cabeça de Meierhold uma pequena coroa pingando sangue. A cabeça está agora bem visível entre as pernas de Tânia. É a cabeçorra de uma marionete que os dois homens retiram com muito cuidado, puxando-a pelos barbantes.*)

HOMEM 1: Pronto, chegou o homem novo!

(*Longo momento de silêncio. Todos os personagens ficam estáticos. A iluminação concentra-se apenas na marionete que Tânia e os dois homens passam a manipular. A marionete, cuja cabeçorra assemelha-se perfeitamente a Ricardo III, "senta-se" na borda da cama ginecológica, entre as pernas de Tânia. O menino marionete espirra, cospe, gargalha, arrota... Tem soluços durante alguns segundos. Agita as pernas que pendem no vazio, etc. Finalmente abre os olhos.)*

O FILHO (*um pouco histérico*): Onde está minha coroa?

TÂNIA: Volodea, dê a coroa pra ele.

(*Meierhold inclina a cabeça, o menino pega a coroa. Põe-na sobre a cabeça, em seguida começa a sugar o polegar.*)

O FILHO: Quero uma história!

TÂNIA: Volodea, conte uma história para o seu filho.

MEIERHOLD: Uma história? Está bem... Era uma vez um rei...

O FILHO: Quero a história dos dois assassinos enviados por Ricardo para matar os dois jovens príncipes presos na Torre de Londres...

MEIERHOLD: Está bem... Então... Era uma vez um rei... e...

O FILHO: Por que é que tenta, papai, zombar nessa cena da polícia política do nosso país?

(*Meierhold enrijece, torna-se também ele uma marionete, a marionete que faz sua autocrítica.*)

MEIERHOLD: Camarada bebê, sou um papai artista a serviço do meu povo. Jamais zombo da polícia política do meu povo.

O FILHO: Então por que, na sua encenação, os dois assassinos enviados por Ricardo usam casacos de couro?

MEIERHOLD: Camarada bebê, os casacos de couro usados pelos assassinos enviados por Ricardo não têm nada a ver com os casacos de couro usados pelos membros da nossa polícia política devotados ao seu povo.

O FILHO: Então, acha que somos imbecis. Incentiva a desobediência civil. É grave, papai...

MEIERHOLD: Camarada bebê, não admito de maneira alguma ter...

O FILHO (*que quase se põe a latir*)**:** Sua garganta, cheia de podridão reacionária... Acredita, camarada papai, que a polícia política não sabe ler nas entrelinhas da sua podre encenação? Veja, nossos agentes tiveram que ler todo Shakespeare por causa de você! Por que não montou *As Alegres Comadres de Windsor*? É bonita, é alegre... Nosso povo precisa se divertir... E você, em vez de tentar divertir um pouco os nossos cidadãos que voltam cansados do trabalho, você os desequilibra, estimula a sabotagem...

MEIERHOLD: Camarada, não admito de maneira alguma ter...

(*O menino remexe no ventre de sua "mamãe", tira um cetro e começa a martelar Meierhold.*)

O FILHO: Chega, chega, chega! Camarada papai caca, não tem o direito de pronunciar a palavra "camarada". Não passa de um espião a soldo das forças estrangeiras. (*Grita para o alto.*) Mostrem-lhe as provas!

(*Bruscamente a máquina de escrever começa a crepitar. A peça é invadida por uma tempestade de folhas brancas. Chuva de folhas brancas, turbilhão de folhas brancas.*)

Aí está o seu dossiê, CACAMARADA. Está sob observação há dez anos, há quinze anos, há vinte anos... É membro de um grupo que reúne todos os elementos antirrevolucionários do campo artístico. Promovem uma ação subversiva destinada a enfraquecer o Estado e a sabotar o esforço de construção do homem novo...

(*O menino estende um braço, Tânia dá-lhe duas chupetas. O menino coloca uma na própria boca e enfia a outra na boca de Meierhold.*)

Tome, pegue essa chupeta... É gostosa, não é?

MEIERHOLD: É.

O FILHO: Bom, relaxe... Reconheça que quis zombar da polícia política e o caso está encerrado. Pensa que nós, entre nós, jamais zombamos de nós mesmos? Conhece a última?

MEIERHOLD: Não.

O FILHO: O Generalíssimo sai para caçar patos selvagens. Vê uma revoada de patos selvagens, atira uma vez, duas vezes, três vezes, mas nenhum cai. Veja, diz para o seu ministro do interior, atirei três vezes mas nenhum caiu. E o ministro responde: eles devem ser surdos... (*Põe-se a rir histericamente.*) Essa é boa, hein? Na sua opinião, quem põe em circulação as piadas que circulam sobre o Generalíssimo, sobre o partido e sobre os membros da polícia política?

MEIERHOLD: Não sei.

O FILHO: As piadas políticas são inventadas pelo SPPPP... o Serviço de Piadas Políticas da Polícia Política! Portanto, como vê, não temos nada contra a sátira, contra o riso. Mas em seu espetáculo não há sátira, não há humor, não há críticas construtivas... Só a dúvida infame... Isso realmente nos faz mal, aqui, na Seção Arte e Beleza da Polícia Política, ver artistas como você pervertidos pela dúvida ideológica. Volte ao seu trabalho... E apague da sua encenação qualquer traço de dúvida...

MEIERHOLD: Sim, camarada bebê.

O FILHO: Extirpe do seu coração essa dúvida visceral que o impede de ser útil à sociedade...

MEIERHOLD: Sim, camarada bebê.

O FILHO: Transforme essa dúvida em canto, em uma homenagem à luz...

MEIERHOLD: Sim, camarada bebê.

O FILHO: Mostre-nos um *Ricardo III* a serviço do homem novo, da classe trabalhadora, da nossa ideologia científica... Vamos, coragem, camarada papai...

(*Tânia sai com o filho.*)

Os homens com casacos de couro colocam Meierhold em uma cama de ferro. Escuro. Em seguida, uma vaga luz sobre a cama em que Meierhold está deitado.

Ouvem-se pesados passos em um corredor; em seguida, abre-se uma porta de ferro. Surge o guarda-chefe, uma lanterna na mão. Instala-se em uma cadeira, ao lado da cama em que jaz Meierhold. A cena poderia ser em uma prisão, na Torre de Londres.

GUARDA-CHEFE: Então, sacudiram você um pouco, camarada?

MEIERHOLD: Sim.

GUARDA-CHEFE: Tome, trouxe água. Tem o direito de solicitar água. Não esqueça disso. Pode solicitar quanta água quiser. Aqui tem o direito de fazer três coisas: tem o direito de mijar, de encher o saco e de solicitar água. É isso. Mais ou menos isso. Como se chama, camarada?

MEIERHOLD: Vsévolod.

GUARDA-CHEFE: Vsévolod do quê?

MEIERHOLD: Vsévolod Meierhold.

GUARDA-CHEFE: Na minha aldeia natal tinha um vizinho que se chamava Vsévolod. Era surdo. Nenhum problema, ele foi incorporado mesmo assim... Mas um dia deixaram que voltasse pra casa. Era surdo demais para o exército. Não escutava as ordens. E isso não é bom. Cada vez que me via, dizia: camarada camponês Vikenti, quem é mais feliz, um surdo ou um cego? (*Ri estupidamente.*) Meu nome é Vikenti. Pode me chamar camarada guarda-chefe Vikenti. Vamos, diga: camarada guarda-chefe Vikenti.

MEIERHOLD: Camarada guarda-chefe Vikenti.

GUARDA-CHEFE: Nasci às margens do Volga. Em Broklogrado. O país dos cavalos e da água... Mas Broklogrado é mesmo assim uma região maldita... Não há mais cavalos, agora, só há usinas que cospem fumaça... E eu preciso de cavalos... Nasceu onde, camarada detento?

MEIERHOLD: Nasci em Penza, camarada guarda-chefe Vikenti.

GUARDA-CHEFE: Está se sentindo mal, camarada detento?

MEIERHOLD: Sim, estou mal de tudo.

GUARDA-CHEFE: Machucaram-no um pouco, hein? Não se preocupe. Você não é o primeiro. Pelo que me disseram, é um intelectual. É uma pena pra você, camarada detento. Não quero saber nada do que fez contra o Estado, mas digo pra você como se fosse um irmão: não vai bem. Olhe para mim, não sei nem ler, nem escrever. Mal consigo rabiscar o meu nome. Mas nunca fiz nada contra o Estado. Aliás, foi por isso que consegui este posto. Toda a minha família ficou para as bandas de Broklogrado, são todos camponeses. E porque consegui este posto aqui, também permitiram que ficasse conosco um cavalo lá. É mesmo, é, os meus têm um cavalo e uma carroça. É minha filha mais velha, Nina, que anda no cavalo. Ele se chama Zirba. Tem filhos, camarada detento?

MEIERHOLD: Minha mulher acaba de parir, camarada guarda-chefe Vikenti.

GUARDA-CHEFE: É ótimo, isto, ter filhos, camarada detento. Os filhos são tudo o que fica atrás de nós. Eu tenho seis filhos, três meninas e três meninos. As meninas são Nina, Nirana e Nirka. Os meninos, Boris, Bubusse e Bazav. O nome das três começa com N e o dos três começa com B. Assim lembro deles mais rápido. Nina, Nirana, Nirka, Boris, Bubusse, Bazav. Somente a minha mulher é que se chama Zaraza. Como se chama a sua mulher, camarada detento?

MEIERHOLD: Chama-se Tânia, camarada guarda-chefe Vikenti.

GUARDA-CHEFE: É bonito também, Tânia. Quer ainda um pouco d'água, camarada detento?

MEIERHOLD: Quero.

GUARDA-CHEFE: Tome. E é bom se lavar, camarada detento. Está com a sobrancelha um pouco aberta; não é bom, isso. Se começa a apodrecer, é arriscado perder o olho. Precisa desinfetar um pouco essa sobrancelha. Isto aqui não é uma enfermaria, mas posso trazer o que for necessário, se quiser. Tem um pouco de dinheiro, camarada detento?

MEIERHOLD: Tenho.

GUARDA-CHEFE: Ótimo. Posso trazer um vidrinho de álcool antisséptico e uma pomada. Tem um pouco de dinheiro com você, camarada detento?

MEIERHOLD: Sim, tenho, camarada guarda-chefe Vikenti.

GUARDA-CHEFE: Ótimo, muito bem. Poderá me pagar mais tarde. (*Tira uma garrafa de vodca, bebe um gole, depois desinfeta com a vodca a sobrancelha de Meierhold.*) Não há pressa. Aqui, o tempo não conta. Temos até tempo demais. Eu tenho um problema, não consigo dormir à noite. Perdi o sono quando vim para a cidade... Não sei como aconteceu, mas não durmo quase nunca. Logo, de repente o tempo da minha vida dobrou. Então, veja, eu, de noite, gosto de prosear com os camaradas detentos. (*Meierhold reage à dor.*) Não se mexa, camarada Vsévolod, acabei...

(*O guarda-chefe olha satisfeito para a sobrancelha de Meierhold.*)

Ricardo III entra furtivamente na cela de Meierhold.

RICARDO III (*teatral, atitude declamatória, mas com ironia*): "Peço a todos vós: dizei-me o que merecem aqueles que conspiram minha morte com práticas diabólicas de uma feitiçaria maldita, e que submeteram meu corpo a suas seduções infernais?"

MEIERHOLD: Deixe-me em paz, Ricardo.

RICARDO III (*bruscamente humano*): Então, machucaram você um pouco, camarada?

MEIERHOLD: Sim.

RICARDO III: Tome, trouxe pra você uma camisa limpa.

(*Ricardo III põe-se a cuidar das contusões e feridas de Meierhold. Tira sua camisa manchada de sangue, lava-lhe o rosto, o peito, etc. Passa uma pomada em suas equimoses e, por fim, entrega-lhe a nova camisa limpa.*)

MEIERHOLD (*sentando-se na cama*): Ai!

RICARDO III: Sente-se mal, camarada detento?

MEIERHOLD: Sim, estou mal de tudo.

RICARDO III: Machucaram você um pouco, hein? Não se preocupe. Não é o primeiro. Então, é livre dentro da sua cabeça?

MEIERHOLD: Por que me deixou cair, Ricardo?

RICARDO III: Nunca deixei você cair, camarada Mestre Artista.

MEIERHOLD: Não apareceu nunca quando precisei de você.

RICARDO III: Eu ainda estou atrapalhado com os meus crimes, camarada Mestre Artista. E ainda continuei matando... Matei dois príncipes meus sobrinhos, matei minha mulher, a Rainha Ana, matei meu fiel amigo Lorde Buckingham... Todos os que poderiam ser pretendentes à coroa, ou que poderiam impedir-me de atingir meu objetivo, estão mortos. Exceto o Conde de Richmond, que fugiu para a França para buscar ajuda. Mas este eu vou esmagar no campo de batalha... Diga-me, Mestre Artista, por que quis fazer de mim um personagem positivo?

MEIERHOLD: Porque você representa o mal sem mescla ideológica. É uma força sombria, mas representa o mal genuíno. Você mata para ter poder, mas não mata em nome de uma grande utopia. Não tem nenhum escrúpulo, nenhuma hesitação para fazer o mal, mas não pede a seus cúmplices e vassalos que louvem os seus crimes. Há em você uma certa grandeza no horror, pois não é um demagogo. Fascina e aterroriza ao mesmo tempo, mas não se erige em Deus. Finge amizade e amor, mas não se pode negar que faz isso com um certo encanto. Acrescenta brutalidade à trapaça, mas suas palavras são sutis e surpreendentes. Você representa algo que a humanidade perdeu: o mal direto, sincero e puro. Hoje, o mal vem envolvido em mil promessas de um mundo melhor. Hoje o mal não pretende apenas subornar a multidão, quer também ser adulado por ela. O mal de hoje em dia não se contenta em viver em seu palácio e dominar o mundo, quer também viver na cabeça das pessoas e exercer um controle sobre o seu interior. O mal hoje é pior que a peste do seu tempo. Mata para alimentar o medo daqueles que nem mesmo pensam em se revoltar. O mal é hoje tão obstinado, está tão infiltrado em tudo, que até mesmo os fetos têm sua marca. E as crianças que nascem são serviçais do mal, o seu cérebro é lavado desde o nascimento para que o mal possa habitar confortavelmente nele. E é a partir do interior de todos os cérebros que o mal de hoje extrai seu poder... Ricardo... Onde está você?

(*Olha em torno. Ricardo III desapareceu.*)

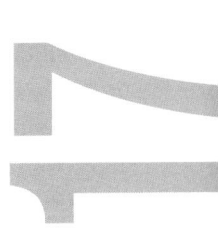

O Generalíssimo entra furtivamente na cela de Meierhold.
Um cobertor sob o braço, uma maleta na mão.
O Generalíssimo tem uma expressão humana
e compassiva.

O GENERALÍSSIMO: Psiu! Psiu! Camarada artista... Está aí?

MEIERHOLD: Camarada Generalíssimo! É você?

O GENERALÍSSIMO: Psiu! Eles podem chegar a qualquer momento... Fique onde está... Faça de conta que não está me vendo... Fale em voz baixa... Olhe pra frente... É inadmissível o que está lhe acontecendo... Não lhe deram um cobertor... Tome, trouxe um cobertor... Sabão, você tem?

MEIERHOLD: Não...

O GENERALÍSSIMO (*dá-lhe um sabão*)**:** Tome... É necessário acima de tudo ter confiança... Precisa também pedir calçados de lã... O regulamento permite... Não hesite em lutar por seus direitos. Tem direito também a uma caminhada todo dia. Já saiu hoje?

MEIERHOLD: Não.

O GENERALÍSSIMO (*discretamente, sempre olhando em torno a fim de não ser surpreendido por alguém*): É um escândalo! Exija o direito à caminhada. Peça que lhe deem uma cópia do regulamento interno. Tem direito a uma ducha por semana! Não somos bárbaros, neste país! Está previsto no regulamento que a água esteja aquecida a vinte e três graus. Não se deixe enganar! Se a água não estiver muito quente, peça que seja aquecida a vinte e três graus! Certo? Tem o direito de estar limpo. Não esqueça, deve lutar pelo direito de estar limpo... Bom, tenho que partir... Ah, tome, trouxe também para você um lápis e um caderno... Deve principalmente continuar a escrever, a tomar notas, a refletir... Até logo...

MEIERHOLD (*apavorado, olhando o lápis novo sem ter sido apontado*): Camarada Generalíssimo! Camarada Generalíssimo!

O GENERALÍSSIMO: Sim, estou aqui...

MEIERHOLD (*em voz baixa*): Não trouxe também um apontador, por acaso?

O GENERALÍSSIMO: Mas claro.

(*O Generalíssimo abre a maleta, que está abarrotada de apontadores. Vários apontadores caem no chão. O Generalíssimo dá um a Meierhold, apanha os outros e parte rapidamente.*)

O guarda-chefe entra, uma maleta na mão.

GUARDA-CHEFE: Boa noite, infeliz artista. Está dormindo? Faz muito bem, é preciso dormir para refazer as forças. Tome, infeliz artista, foi autorizado a abrir sua maleta. (*Abre a maleta. Espalha os objetos que Tânia comprou numa cena anterior.*) Muito bom, ela pensou em tudo, a sua mulher... Meias de lã... Açúcar... Chá... Muito bom... Ceroulas de flanela... Muito bem... Bravo, camarada detento, a coisa vai melhorar, pode crer... Na minha opinião não ficará muito tempo aqui. Ou vão executar você, ou enviar para o campo. Pois terminou a investigação. Reconheceu tudo... É ótimo, camarada detento, reconhecer tudo... Perante o Estado, devemos ser sempre humildes... O Estado sabe muito bem de tudo... Eu nunca fiz nada, mas estou sempre pronto a reconhecer qualquer coisa. Aliás, foi por isso que me deram este posto. A propósito, camarada detento, se um dia chegar a ordem de execução, qual o seu último desejo?

MEIERHOLD: Gostaria de comer um frango assado e de beber uma garrafa de vinho tinto.

GUARDA-CHEFE: Ótimo. Não esquecerei.

MEIERHOLD: E, se puder, peça a minha mulher que me mande as peças de Shakespeare.

GUARDA-CHEFE: Mas quem é esse Kechspeare?

MEIERHOLD: Um dedo-duro. Foi ele que me entregou...

GUARDA-CHEFE: É, não se pode confiar em ninguém. Faz alguns meses, um camarada detento intelectual como você pediu morangos. Mas era fevereiro e não havia morangos. Então eu trouxe uma lata de pepinos em conserva e uma garrafa de vodca. Bebemos juntos a noite inteira, tagarelamos, comemos os pepinos e de manhã cedo ele foi fuzilado. Morreu contente, meio adormecido... Escreva a sua mulher que lhe mande também um par de botas de borracha. Se for enviado para o campo, a borracha é melhor. (*Tira uma garrafa de vodca.*) É muito bonita a sua mulher... (*Bebe um gole.*) Tome, beba um gole... à saúde do seu filho! Poderá me pagar depois... É um rublo, o gole... (*Meierhold bebe um gole.*) Isto o faz sentir-se melhor, camarada detento?

MEIERHOLD: Faz, camarada guarda-chefe Vikenti.

GUARDA-CHEFE: Ótimo... Devemos ajudar-nos uns aos outros, pois somos todos homens... Aconteça o que acontecer, façam o que fizerem, fomos todos criados por Deus... Mesmo os traidores da pátria foram criados por Deus. (*Bebe novamente.*) Mas a pátria, ainda assim, não deve ser traída. É verdade, camarada Kechspeare, não devemos trair a pátria... Tome, beba um gole... Um rublo... E não traia mais a pátria...

MEIERHOLD: Não a trairei mais, camarada guarda-chefe Vikenti.

GUARDA-CHEFE: É um desgosto para a sua mãe que mandou você para a escola. Eu não fui à escola, mas todos os meus filhos vão à escola. Minha filha mais velha já terminou o liceu e eu lhe disse: vai para a universidade, Ninotchka, vai ter uma vida melhor. Mas ela não quer ir para a universidade, quer se casar. Mas talvez não seja muito bom ir para a universidade. Veja você, camarada detento, foi para a universidade e meteram você na prisão. Por causa do seu Kechspeare... Não é bom, isso. A universidade é para ser professor. Esteve onde, na universidade?

MEIERHOLD: Em Moscou, na Escola de Teatro...

(*Ouvem-se passos pesados no corredor.*)

Vestido com uma imponente armadura, Ricardo III entra empunhando uma espada. Toda a cena acontece em uma atmosfera de conspiração e os personagens comunicam-se em voz baixa.

RICARDO III: "Miserável! Arrisquei minha vida em um lance de dados, e vou tentar a sorte. Creio que havia seis Richmond no campo de batalha. Matei cinco deles hoje..."

(*Também vestido com uma armadura, entra Richmond, uma espada na mão. Richmond e Ricardo III digladiam-se.*)

MEIERHOLD (*em voz baixa, para a cena*)**:** Stop, stop, stop... A coisa mais ridícula que se pode fazer em cena é imitar um duelo de verdade. Não quero um duelo de verdade. Quero gestos que sugiram um choque frontal entre duas forças, entre duas energias irreconciliáveis. Não quero ouvir o barulho das espadas, quero sentir a emoção do choque frontal. (*Tânia aparece atrás dos combatentes.*) Tânia, tire os seus capacetes. Nesta cena os rostos devem estar completamente visíveis... Vamos, recomecem.

(*Os dois personagens tiram os capacetes e entregam-nos para Tânia.*)

RICARDO III (*sem capacete, em voz baixa*): "Miserável! Arrisquei minha vida em um lance de dados, e vou tentar a sorte. Creio que havia seis Richmond no campo de batalha. Matei cinco deles hoje..."

(*Richmond e Ricardo III recomeçam o duelo. Ricardo III é ferido e cai.*)

MEIERHOLD (*para a cena*): Não, é ridículo. Você não pode cair desse jeito. Não se morre assim em cena. Faça tudo lentamente. Há três momentos: o choque do encontro entre duas forças irreconciliáveis, a síntese dos gestos do ataque e a queda de Ricardo, que se encurva ferido e põe um joelho no chão... E é tudo. Em seguida Richmond entra com a fala final.

(*Richmond e Ricardo III retiram-se. Ele fala para Tânia.*)

Tire as suas armaduras, Tânia. Quero que eles duelem de camisa. Mas elas têm que estar rasgadas, em farrapos, pois esses dois homens estão saindo do inferno da batalha...

(*Ricardo III surge com uma camisa branca, toda esfarrapada.*)

RICARDO III: "Miserável! Arrisquei minha vida em um lance de dados, e vou tentar a sorte. Creio que havia seis Richmond no campo de batalha. Matei cinco deles hoje..."

(*Richmond entra com uma camisa branca em farrapos. Encaram-se frente a frente, ambos esboçam um gesto de ataque com a espada, Ricardo III encurva-se e põe um joelho no chão.*)

RICHMOND: "Deus e vossas armas sejam louvados, vitoriosos amigos! Ganhamos o dia; o cão sangrento está morto."

RICARDO III: E agora, posso cair?

MEIERHOLD: Não, agora você se dobra mais ainda, arqueia-se e toca a terra com a testa, sem soltar a espada. Depois se encurva cada vez mais, vai ficando cada vez menor, dissolve-se suavemente e desaparece pura e simplesmente do universo... Está claro?

(*Some todo mundo. Tânia coloca sobre uma cadeira uma bandeja em que se vê um frango assado, uma garrafa de vinho tinto e um livro de Shakespeare.*)

20

Noite, na cela de Meierhold.
O guarda-chefe entra e sacode Meierhold.

GUARDA-CHEFE: Camarada, acorde... Camarada, é grave, acorde, camarada... Camarada, por favor, é muito, muito grave, acorde... Tome, camarada, beba um gole de vodca, é grátis...

MEIERHOLD: O que está acontecendo, camarada guarda-chefe Vikenti?

GUARDA-CHEFE (*assoa-se ruidosamente, bebe um gole, enxuga uma lágrima*): Estou louco de raiva, camarada, e além disso ela partiu meu coração... Ela se tornou a vergonha da aldeia... Preciso escrever-lhe uma carta, camarada... Por favor, camarada, pois você sabe escrever... Tome, trouxe tudo que precisa... (*Tira uma folha de papel e um lápis.*) Tenho que escrever uma carta para essa cadela...

MEIERHOLD: Mas o que aconteceu, Vikenti?

GUARDA-CHEFE (*bebe e enxuga outra lágrima*): Ela fugiu com um colega de escola. Com um namorado que não fez nem mesmo o serviço militar... Um zero à esquerda, um idiotinha da sua classe... E além disso eles levaram o cavalo... Levaram Zirba... Que safada... Vai jogar toda sua vida no lixo...

MEIERHOLD: Bom, o que é que eu escrevo?

GUARDA-CHEFE: Escreva, aí, assim... Nina, quem escreve é o seu pai, sua cadela no cio... Escreveu?

MEIERHOLD: Sim.

GUARDA-CHEFE: Nina, quem escreve é o seu pai que está envergonhado por causa de você porque toda a nossa família se tornou a chacota de toda a vila... Escreveu?

MEIERHOLD: Sim.

GUARDA-CHEFE: Escreve assim... Nina, você não é mais minha filha. Nina, não quero nunca mais falar de você se não voltar imediatamente para casa. Nina, se não voltar imediatamente para casa, vou enviar o exército para buscar você, e o seu camarada cheio de espinhas e de pústulas será enviado para o campo. Escreveu?

MEIERHOLD: Sim.

GUARDA-CHEFE: Você levou o cavalo, mas, se acontecer alguma coisa com o Zirba, vou chicotear você como se chicoteia uma cadela. Volte depressa com o Zirba, faça o favor de alimentar ele muito bem e de dar água pra ele. O cavalo é meu! Escreveu?

MEIERHOLD: Sim.

GUARDA-CHEFE: Leia tudo então de uma vez para que eu possa refletir.

MEIERHOLD: Cara Nina. É seu pai entristecido que escreve e que lhe pede que o escute. Minha querida Nina, amo você mais que tudo no mundo e só quero o seu bem. Volte para casa e tudo vai se arranjar. Se quer se casar agora, não sou contra. Vou lhe dar esse cavalo velho de presente de casamento. Desde que se esteja vivo e com boa saúde, tudo se pode arranjar. Volte para casa, minha querida Nina, você já está grande e tem o direito de viver sua vida como bem quiser. Mas pense também em mim e em sua mãe, que tanto amamos você...

(*O guarda-chefe permanece alguns longos segundos paralisado, quase incapaz de respirar. Está a ponto de explodir. Bruscamente, levanta-se e dá uma terrível bofetada em Meierhold, que cai por terra.*)

GUARDA-CHEFE: Lixo reacionário, que foi que eu disse para escrever? Olha, vê só, é por isso que está no xadrez, porque ninguém pode confiar em você. Não se pode por fé em vocês, intelectuais de merda e impostores... Que foi que eu disse para escrever? Quando foi que eu disse que ia dar meu cavalo de dote? É por isso que são caçados como coelhos e que põem vocês no xadrez... E eles vão fuzilar todos vocês, porque para vocês não há nada sagrado, vocês zombam do coração das pessoas, e de tudo...

(*Bebe e anda pela sala como um animal enjaulado. Meierhold continua no chão, de joelhos, encurvado, a testa tocando o chão.*)

Quando foi que eu disse que ia lhe dar o cavalo? O cavalo é meu! Não dou meu cavalo! Ninguém terá meu cavalo! (*Enxuga uma lágrima, aproxima-se de Meierhold, dá-lhe a garrafa.*) Tome, beba, artista renegado...

(*Meierhold pega a garrafa e bebe um gole. Depois começa a tremer. O guarda-chefe pega um cobertor e coloca-o sobre os ombros de Meierhold.*)

É por isso que eles vão fuzilar todos vocês, porque fuçam nos corações das pessoas... É só o que sabem fazer... fuçar e refuçar nos corações das pobres pessoas... que nem sequer sabem o que têm no coração... Bem feito pra vocês... É por causa de vocês que esse país não vai pra frente... Mas vão fuzilar todos vocês e então vão construir, enfim, o homem novo...

(*O guarda-chefe estende a mão para Meierhold e ajuda-o a levantar-se. Ajuda-o a sentar-se novamente na cadeira. Senta-se também, ao lado de Meierhold, bebe e chora sobre o seu ombro.*)

Por que faz isso comigo, camarada detento? (*Bebe.*) Vocês todos combinaram partir o meu coração... (*Pega a carta da mão de Meierhold.*) Mas não o cavalo, o cavalo, não... Bom, vou mandar pra ela, pra essa cadelinha da Nina, mas você tem que apagar a parte em que escreveu que vou dar o cavalo pra ela... Não dou meu cavalo, por nada deste mundo!

(*Meierhold pega a carta e risca uma linha. Ricardo III entra. Aproxima-se de Meierhold e, com muita delicadeza, tira a folha. Fica com a carta, dá alguns passos até a boca de cena, para diante do público. Ricardo III olha para o público diretamente e depois seu olhar concentra-se na carta, como se fosse lê-la para os espectadores.*)

RICARDO III: "Será que há um assassino aqui? Não... Sim, eu! Então fujamos... Quê, eu mesmo fugir?... Por quê? De medo que me castigue a mim mesmo... Quê? Eu mesmo! Bah! Eu amo a mim mesmo!... Ricardo ama Ricardo..." O poder ama... o poder...

(*A luz diminui. Finalmente, resta apenas um fraco raio de luz sobre a bandeja com um frango assado, uma garrafa de vinho tinto e um livro de Shakespeare.*)

21

Meierhold cochila sentado em uma cadeira, no centro da cena vazia. Uma jovem sai da caixa do ponto. Sacode Meierhold docemente.

A JOVEM: Camarada Meierhold... Camarada Meierhold...

MEIERHOLD: Sim?

A JOVEM: Está muito cansado... Quer beber um copo d'água?

MEIERHOLD: Quero...

A JOVEM (*dá-lhe água para beber*): Tome... Está melhor? Veja minha perna. Totalmente curada. Posso correr agora, posso dançar... (*Ela dança.*) Poderia representar de novo... (*Pega uma venda preta e cobre os olhos de Meierhold.*) Está muito apertada?

MEIERHOLD: Não, está bom.

A JOVEM: Pronto, agora vou deixar você... Está muito cansado... E eu, tenho que soprar as falas...

(*A jovem desce para o buraco do ponto. Longo silêncio.*)

A VOZ DA JOVEM: Fogo!

(*A máquina de escrever começa a crepitar como uma metralhadora. Dir-se-ia que fuzis invisíveis atiram em Meierhold. Toda a parede do fundo é crivada de balas, mas aparentemente Meierhold não é atingido. Silêncio.*)

Fogo!

(*A máquina de escrever "atira" de novo, de forma mais agressiva, mais ruidosa. Aparecem buracos na parede do fundo, e raios de luz atravessam esses buracos. Silêncio.*)

Fogo!

(*A máquina de escrever assassina "atira" uma nova salva. Outros buracos surgem na parede – a tela – do fundo, surgem também outros raios de luz.*)

Fim

Nota do autor: Várias falas retiradas da peça *Ricardo III*, de Shakespeare, aparecem neste texto; elas estão colocadas entre aspas. Algumas passagens nas "críticas" e nas "autocríticas" dos personagens utilizam fórmulas e clichês usados na época soviética.

DADOS INTERNACIONAIS DE CATALOGAÇÃO NA PUBLICAÇÃO (CIP)
(CÂMARA BRASILEIRA DO LIVRO, SP, BRASIL)

Visniec, Matéi
  Ricardo III está cancelada ou Cenas da vida de Meierhold / Matéi Visniec; tradução Roberto Mallet. – São Paulo: É Realizações, 2012. – (Biblioteca teatral. Coleção dramaturgia)

  Título original: Richard III n'aura pas lieu
  ISBN 978-85-8033-106-6

  1. Teatro francês (Escritores romenos) I. Título. II. Título: Cenas da vida de Meierhold. III. Série.

12-09486   CDD-842

ÍNDICES PARA CATÁLOGO SISTEMÁTICO:
1. Teatro : Literatura francesa   842

Este livro foi impresso pela Gráfica Vida & Conciência para É Realizações, em julho de 2012. Os tipos usados são da família Sabon LT Std e Helvética Neue. O papel do miolo é alta alvura 90g, e o da capa, cartão supremo 250g.